AF199033

Impressum
Verlag: BABADADA GmbH, Nedderfeld 112 , 22529 Hamburg
Geschäftsführer / Verlagsleitung: Harald Hof
Druck: Books on Demand GmbH, In de Tarpen 42, 22848 Norderstedt

Imprint
Publisher: BABADADA GmbH, Nedderfeld 112 , 22529 Hamburg, Germany
Managing Director / Publishing direction: Harald Hof
Print: Books on Demand GmbH, In de Tarpen 42, 22848 Norderstedt

classroom
synp otagy

divide
bölmek

186/2

board
tagta

school yard
mekdep howlusy

teacher
mugallym

paper
kagyz

write
ýazmak

pen
ruçka

desk
ýazuw stoly

ruler
çyzgyç

book
kitap

pupil
okuwçy

satchel

ranes

pencil case

penal

pencil

galam

pencil sharpener

galam artylýan

rubber

bozguç

drawing pad

surat çekmek üçin albom

drawing

surat

paintbrush

çotgajyk

paint box

reňkli guty

scissors

gaýçy

glue

ýelim

exercise book

depder

homework

öý işi

number

san

add

goşmak

subtract

aýyrmak

multiply

köpeltmek

calculate

hasaplamak

letter

harp

alphabet

elipbiý

word

söz

text

tekst

read

okamak

chalk

hek

lesson

sapak

register

synp dergisi

examination

synag

certificate

diplom

school uniform

mekdep lybasy

education

bilim

encyclopedia

ensiklopediýa

university

uniwersitet

microscope

mikroskop

map

karta

waste-paper basket

kagyz üçin sebet

hotel
myhmanhana

hostel
syýahatçylyk bazasy

currency exchange office
walýuta çalyşmak üçin bent

suitcase
çemedan

car
awtomobil

language

yes / no

Okay

dil

hawwa / ýok

bolýa

hello

translator

Thank you

salam

terjimeçi

Minnetdar

how much is...?

bahasy näçe?

I don´t get it

men düşünmeýärin

problem

mesele

Good evening!

Agşamyňyz haýyr!

Good morning!

Ertiriňiz haýyrly!

Good night!

Gijäňiz rahat bolsun!

goodbye

görüşýänçäk

direction

ugur

luggage

ýük

bag

torba

backpack

eginden asylýan torba

guest

myhman

room

otag

sleeping bag

halta ýorgan

tent

çadyr

tourist information

syýahatçylyk maglumaty

beach

kenarýaka

credit card

karz karty

breakfast

ertirlik

lunch

günortanlyk

dinner

agşamlyk

Ticket

petek

elevator

lift

stamp

poçta markasy

border

çäk

customs

gümrük

embassy

ilçihana

visa

wiza

passport

pasport

airplane
uçar

ship
gämi

fire truck
ýangyn söndüriji ulag

truck
ýük ulagy

bus
awtobus

motorboat
motorly gaýyk

car
awtomobil

bike
tigir

ferry
parom

boat
gaýyk

motorbike
motosikl

police car
polisiýa ulagy

racing car
çapyşyk

rental car
kärendä alnan ulga

car sharing

ulagy bilelikde ulanmak

tow truck

tirkeg ulagy

garbage truck

zir-zibil daşaýan ulag

engine

hereketlendiriji

fuel

ýangyç

fuel station

guýma

traffic sign

ýol belgisi

traffic

hereket

traffic jam

dyky

parking lot

awtoduralga

train station

menzil

tracks

seplem

train

otly

tram

tramwaý

wagon

wagon

helicopter
dik uçar

airport
howa menzili

tower
minara

passenger
ýolagçy

container
konteýner

carton
guty

cart
araba

basket
sebet

take off / land
uçmak / gonmak

city

şäher

village
oba

city center
şäher merkezi

house
öý

movie theater
kinoteatr

advert
mahabat

CINEMA

street light
köçe çyrasy

street
köçe

taxi
taksi

snack shop
kiosk

pedestrian
pyýada ýolagçy

sidewalk
ýanýoda

zebra crossing
pyýada geçelgesi

dumpster
zibil bedresi

crossing
çatryk

traffic lights
swetofor

hut
kepbe

apartment
öý

train station
menzil

city hall
şäher häkimligi

museum
muzeý

school
mekdep

university

uniwersitet

bank

bank

hospital

hassahana

hotel

myhmanhana

pharmacy

dermanhana

office

ofis

book shop

kitap dükany

shop

dükan

flower shop

gül dükany

supermarket

supermarket

market

bazar

department store

uniwermag

fishmonger's shop

balyk söwdagäri

mall

söwda merkezi

harbor

port

park

park

bench

oturgyç

bridge

köpri

stairs

merdiwan

subway

metro

tunnel

ötük

bus stop

awtobus

bar

bar

restaurant

restoran

postbox

poçta gutusy

street sign

köçäni adyny görkezýän
ýazgy

parking meter

parkometr

zoo

haýwanat bagy

swimming pool

basseýn

mosque

metjit

farm
ferma

pollution
daşky gurşawyň
hapalanmagy

cemetery
gonamçylyk

church
buthana

playground
çaga meýdançasy

temple
ybadathana

landscape
landşaft

leaf
ýaprak

signpost
ýol görkeziji

path
ýol

meadow
ýaýla

stone
daş

hiker
syýahatçy

tree
agaç

river
derýa

grass
ot

flower
gül

valley

dere

hill

dag

lake

köl

forest

tokaý

desert

çöl

volcano

wulkan

castle

gulp

rainbow

älemgoşar

mushroom

kömelek

palm tree

palma agajy

mosquito

çybyn

fly

sinek

ant

garynja

bee

bal arysy

spider

möý

beetle

tomzak

frog

gurbaga

squirrel

awusiýdik

hedgehog

kirpi

hare

towşan

owl

baýguş

bird

guş

swan

guw

boar

ýekegapan

deer

sugun

moose

los

dam

bent

wind turbine

şemal generatory

solar panel

gün batareýasy

climate

howa

waiter
ofisiant

menu
menýu

chair
oturgyç

soup
çorba

pizza
pizza

cutlery
aşhana gap-gaçlary

tablecloth
stoluň örtgi matasy

starter

garbanma

main course

esasy tagam

dessert

süýjülik

drinks

içgiler

food

nahar

bottle

süýşe

fast food

tiz tagam

street food

köçe iýmiti

teapot

çäýnek, kitir

sugar bowl

şeker gaby

portion

porsiýa

espresso machine

kofe gaýnadyjy

high chair

çaga oturgyjy

bill

hasap

tray

mejme

knife

pyçak

fork

çarşak

spoon

çemçe

teaspoon

çaý çemçesi

serviette

salfetka

glass

bulgur

plate

tarelka

soup plate

çorba tarelkasy

saucer

tabajyk

sauce

sous

salt shaker

duz gaby

pepper mill

burçy üweýji

vinegar

sirke

oil

ýag

spices

huruş

ketchup

ketçup

mustard

gorçisa

mayonnaise

maýonez

special offer
ýörite teklip

customer
alyjy

dairy products
süýt önümleri

FOR

fruit
miweler

shopping cart
satyn alnan zatlar üçin araba

butcher's shop

et dükany

bakery

çörek kärhanasy

weigh

ölçemek

vegetables

gök önümler

meat

et

frozen food

tiz doňýan önümler

cold cuts

kesme

canned food

konserwirlenen önümler

detergent

kir ýuwujy toz

candy

süýjülikler

household products

öýde ulanylýan zat

cleaning products

ýuwujy serişde

sales representative

satyjy aýal

cash register

kassa

cashier

pulhanaçy

shopping list

satyn alynmaly zatlar

opening hours

iş wagty

wallet

gapjyk

credit card

karz karty

bag

sumka

plastic bag

polietilen paket

water

suw

juice

şire

milk

süýt

coke

koka-kola

wine

wino

beer

piwo

alcohol

alkogol

cocoa

kakao

tea

çaý

coffee

kofe

espresso

espresso

cappuccino

kapuçino

banana

banan

apple

alma

orange

pyrtykal

melon

garpyz

lemon

limon

carrot

käşir

garlic

sarymsak

bamboo

bambuk

onion

sogan

mushroom

kömelek

nuts

hoz

noodles

un aş

spaghetti

spagetti

rice

tüwi

salad

işdäaçar

fries

gowurylan ýer alma

fried potatoes

gowurylan ýer alma

pizza

pizza

hamburger

gamburger

sandwich

sendwiç

escalope

üweme

ham

wetçina

salami

salýami

sausage

şöhlat

chicken

towuk

roast

gowrulyp taýýarlanýan nahar

fish

balyk

porridge oats

süle patragy

muesli

mýusli

cornflakes

mekgejöwen patragy

flour

un

croissant

kruassan

bread roll

bulka

bread

çörek

toast

tost

cookies

köke

butter

ýag

curd

dorog

cake

pirog

egg

ýumurtga

fried egg

heýgenek

cheese

peýnir

ice cream

doňdurma

sugar

şeker

honey

bal

jelly

marmelad

nougat cream

nogully krem

curry

karri

farm house
daýhan öýi

straw bale
saman daňysy

barn
saraý

field
meýdan

horse
at

trailer
tirkeg

foal
taýçanak

tractor
traktor

donkey
eşek

sheep
urkaçy goýun

lamb
guzy

goat

geçi

cow

sygyr

calf

göle

pig

doňuz

piglet

jojuk

bull

öküz

goose

gaz

duck

ördek

chick

jüýje

hen

towuk

cockerel

horaz

rat

alaka

cat

pişik

mouse

syçan

ox

öküz

dog

it

dog house

it ýatagy

garden hose

bag şlangy

watering can

guýgyç

scythe

orak

plow

azal

sickle

orak

hoe

kätmen

pitchfork

dökün çarşagy

axe

palta

pushcart

galtak

trough

kersen

milk can

süýt üçin tüňňür

sack

halta

fence

haýat

stable

çörek

greenhouse

ýyladyşhana

soil

toprak

seed

ekin

fertilizer

dökün

combine harvester

kombaýn

harvest

hasyl ýygnamak

harvest

galla

yams

ýams

wheat

bugdaý

soya

soýa

potato

ýeralma

corn

mekgejöwen

rapeseed

raps

fruit tree

miwe agajy

manioc

manioka

grain

däneli ösümlikler

chimney
tüsseçykar

roof
üçek

downspout
suw akdyrylýan tarnaw

window
penjire

garage
ulagjaý

doorbell
jaň

door
gapy

trash can
hapa atylýan bedre

mailbox
poçta gutusy

garden
bag

living room

myhman otagy

bathroom

wanna otagy

kitchen

aşhana

bedroom

ýatalga otagy

kids room

çaga otagy

dining room

naharhana

floor

pol

wall

diwar

ceiling

potolok

cellar

ýerzemin

sauna

hamam

balcony

balkon

terrace

eýwan

pool

howdan

lawn mower

gazon orujy

sheet

ýorgan daşlygy

bedspread

örtgi

bed

ýatakça

broom

sübse

bucket

bedre

switch

öçüriji

wallpaper
oboýlar

picture
çekilen surat

lamp
çyra

shelf
tekje

cabinet
şkaf

fireplace
kamin

television
telewizor

flower
gül

cushion
ýassyk

vase
küýze

sofa
diwan

remote control
aralykdan dolandyryş pulty

carpet

haly

drape

tuty

table

stol

chair

oturgyç

rocking chair

öňe-yza gaýdýan kürsi

armchair

kürsi

book

kitap

blanket

örtgi

decoration

bezeg

firewood

odun

film

film

stereo system

stereo ulgam

key

açar

newspaper

gazet

painting

surat

poster

ündewsurat

radio

radio

notebook

bloknot

vacuum cleaner

tozan sorujy

cactus

kaktus

candle

şem

fridge
sowadyjy

microwave oven
mikrotolkunly peç

kitchen scales
aşhana terezisi

toaster
toster

laundry detergent
ýuwujy serişde

freezer
doňdurgyç

stove
howur peji

trash can
hapa atylýan bedre

dishwasher
gap-gaç ýuwujy maşyn

cooker

plita

pot

piti

cast-iron pot

çoýun gazany

wok / kadai

wok / kadaý

pan

saç

kettle

çäýnek, kitir

steamer

bugda bişiriji

baking tray

protiwen

crockery

gap-gaç

mug

kürşge

bowl

jam

chopsticks

nahar iýilýän taýajyklar

ladle

susak

spatula

piljagaz

whisk

ýaýylýan maşyn

strainer

elek

sieve

elek

grater

gyrgyç

mortar

soky

barbecue

gril

fireplace

ot

chopping board

tagta

rolling pin

oklaw

corkscrew

ştopor

can

tüneke banka

can opener

konserwa pyçagy

oven cloth

tutguç

sink

rakowina

brush

çotga

sponge

gubka

blender

mikser

deep freezer

doňdurma kamerasy

baby bottle

çagany iýmitlendirmek üçin
çüýşejik

tap

kran

heating
ýyladyş

shower
duş

towel
süpürgiç

shower curtain
duş üçin tuty

bubble bath
köpürjikli wanna

bathtub
wanna

glass
bulgur

washing machine
kir ýuwulýan maşyn

tap
kran

tiles
plitka

potty
küýze

sink
rakowina

toilet

hajathana

squat toilet

polda oturdylýan unitaz

bidet

bide

urinal

pissuar

toilet paper

hajathana kagyzy

toilet brush

hajathana çotgasy

toothbrush

diş çotgasy

toothpaste

diş pastasy

dental floss

diş sapagy

wash

ýuwmak

hand shower

el duşy

douche

şahsy duş

basin

legen

back brush

arka üçin çotga

soap

sabyn

shower gel

duş üçin gel

shampoo

şampun

flannel

moçalka

drain

akyş

creme

krem

deodorant

dezodorant

mirror	hand mirror	razor
aýna	el aýnasy	päki
shaving foam	aftershave	comb
sakgal syrmak üçin köpürjik	sakgal syrylanyndan soňky losýon	darak
brush	hair-dryer	hairspray
çotga	fen	saç üçin lak
makeup	lipstick	nail varnish
kosmetika	dodaga çalynýan reňk	dyrnaga çalynýan reňk
cotton wool	nail scissors	perfume
pamyk	manikýur gaýçysy	atyr

washbag

kosmetika üçin gutujyk

stool

oturgyç

weighing scales

terezi

bathrobe

halat

rubber gloves

rezin ellik

tampon

tampon

sanitary towel

gigiýena prokladkasy

chemical toilet

biohajathana

alarm clock
oýaryjy

cuddly toy
ýumşak oýnawaç

toy car
oýnawaç awtoulag

rattle
şakyrdawukly oýnawaç

doll's house
gurjak öýi

present
sowgat

balloon

howaly şar

bed

ýatakça

stroller

çaga arabasy

deck of cards

kart oýny

jigsaw

pazl

comic

komiks

lego bricks

Lego kerpiçleri

toy blocks

kubikler

action figure

oýnawaç şekil

romper suit

çagalar üçin joraply balak

frisbee

frisbi

mobile

mobile

board game

stolüsti oýun

dice

kubik

model train set

demir ýolunyň modeli

pacifier

soska

party

şagalaň

picture book

şekilli kitap

ball

top

doll

gurjak

play

oýnamak

sandpit

çäge aýmança

swing

hiňňildik

toys

oýnawaç

video game console

oýun pristawkasy

tricycle

üç tigirli welosiped

teddy bear

plýuşadan aýyjyk

wardrobe

egin-eşik üçin şkaf

clothing

egin-eşik

socks

jorap

stockings

çulki

tights

kolgotka

scarf
şarf

belt
kemer

umbrella
saýawan

t-shirt
futbolka

boots
ädik

slippers
öý şypbygy

sneakers
krossowka

sandals	shoes	rubber boots
sandaliýa	aýakgap	rezin ädik

underwear
türsük

bra
göwüslik

undershirt
maýka

body
....
bodi

pants
....
jalbar

jeans
....
jins

skirt
....
ýubka

blouse
....
bluzka

shirt
....
köýnek

pullover
....
switer

sweater
....
switer

blazer
....
sport keltekçesi

jacket
....
žaket

coat
....
palto

raincoat
....
plaş

costume
....
kostýum

dress
....
köýnek

wedding dress
....
toý köýnegi

suit

erkek üçin kostýum

nightgown

ýatyş köýnegi

pajamas

pižama

sari

sari

headscarf

ýaglyk

turban

selle

burka

perenji

kaftan

kaftan

abaya

abaýa

swimsuit

suwa düşmek üçin lybas

trunks

plawki

shorts

şorty

tracksuit

sport lybasy

apron

öňlük

gloves

ellik

button
ilik

glasses
äýnek

bracelet
bilezik

necklace
zynjyr

ring
ýüzük

earring
syrga

cap
papak

coat hanger
geýim asgyç

hat
şlýapa

tie
galstuk

zip
syrma

helmet
şlem

braces
egnaşyr kemer

school uniform
mekdep lybasy

uniform
lybas

bib
çaga döşlügi

pacifier
soska

diaper
arlyk

server
serwer

filing cabinet
kanselýariýa şkafy

printer
printer

monitor
monitor

paper
kagyz

mouse
syçanjyk

desk
ýazuw stoly

folder
papka

keyboard
klawiatura

waste-paper basket
kagyz üçin sebet

chair
oturgyç

computer
kompýuter

coffee mug
kofe kružkasy

calculator
kalkulýator

internet
internet

laptop
noutbuk

letter
hat

message
habar

cell phone
öýjükli telefon

network
tor

photocopier
kseroks

software
programma

telephone
telefon

plug socket
rozetka

fax machine
faks

form
formulýar

document
resminama

buy

satyn almak

pay

tölemek

trade

söwda etmek

money

pul

 USD

dollar

dollar

 EUR

euro

ýewro

 JPY

yen

iena

 RUB

rouble

rubl

 CHF

Swiss franc

frank

 CNY

renminbi yuan

ženminbi ýuan

 INR

rupee

rupiýa

cash point

bankomat

currency exchange office

walýuta çalyşmak üçin bent

gold

altyn

silver

kümüş

oil

nebit

energy

energiýa

price

baha

contract

şertnama

tax

salgyt

stock

paýnama

work

işlemek

employee

gullukçy

employer

iş beriji

factory

fabrik

shop

dükan

police officer
milisiýanyň işgäri

fireman
ýangyn södüriji

cook
aşpez

doctor
lukman

pilot
uçarman

gardener

bagban

carpenter

agaç ussasy

seamstress

tikinçi

judge

kazy

chemist

himik

actor

aktýor

bus driver

awtobus sürüjisi

taxi driver

taksiçi

fisherman

balykçy

cleaning lady

tam süpüriji

roofer

üçek basyrýan ussa

waiter

ofisiant

hunter

awçy

painter

suratçy

baker

çörekçi

electrician

elektrik

builder

gurluşykçy

engineer

inžener

butcher

gassap

plumber

santehnik

postman

hatçy

soldier

esger

architect

binagär

cashier

pulhanaçy

florist

floraçy

hairdresser

dellekçi

conductor

konduktor

mechanic

mehanik

captain

kapitan

dentist

diş lukmany

scientist

alym

rabbi

rawwin

imam

imam

monk

monah

pastor

ruhany

hammer
çekiç

pliers
ýasy agyzly atagzy

screwdriver
otwýortka

wrench
gaýka açary

torch
jübü çyrasy

excavator

ekskawator

toolbox

gurallar üçin gap

ladder

merdiwan

saw

byçgy

nails

çüýler

drill

drel

repair

abatlamak

shovel

pil

Damn!

Bolmandyr!

dustpan

susguç

paint can

boýagly bedre

screws

nurbatlar

musical instruments

saz gurallary

loud speaker
batly gürleýji

drum set
kakylyp çalynýan saz guraly

guitar
gitara

double bass
kontrabas

trumpet
turba

piano

pianino

violin

skripka

bass

bas-gitara

timpani

nagara

drums

deprek

keyboard

sintezator

saxophone

saksafon

flute

fleýta

microphone

mikrofon

entrance
girelge

tiger
gaplaň

cage
öýjük

zebra
zebra

animal feed
iým

panda
panda

animals

haýwanlar

elephant

pil

kangaroo

kenguru

rhino

nosorog

gorilla

gorilla

bear

aýy

camel

düýe

ostrich

düýeguş

lion

ýolbars

monkey

maýmyn

flamingo

gyzylinjik

parrot

hindiguş

polar bear

ak aýy

penguin

pingwin

shark

akula

peacock

tawus

snake

ýylan

crocodile

krokodil

zookeeper

haýwanat bagynyň
gullukçysy

seal

düwlen

jaguar

ýaguar

pony

poni

leopard

gaplaň

hippo

begemot

giraffe

žiraf

eagle

bürgüt

boar

ýekegapan

fish

balyk

turtle

pyşbaga

walrus

suwpişik

fox

tilki

gazelle

jeren

American football
amerikan

cycling
tigir sürmek

tennis
tennis

basketball
basketbol

swimming
ýüzme

ice hockey
hokkeý

boxing
boks

soccer
futbol

badminton
badminton

athletics
ýeňil atletika

handball
gandbol

skiing
lyža sporty

polo
polo

laugh
gülmek

jump
bökmek

hug
gujaklamak

walk
gitmek

sing
aýdym aýtmak

dream
arzuw etmek

pray
dilemek

kiss
öpmek

write

ýazmak

draw

surat çekmek

show

görkezmek

push

basmak

give

bermek

take

almak

have
eýe bolmak

do
etmek

be
bolmak

stand
durmak

run
ylgamak

pull
çekmek

throw
taşlamak

fall
gaçmak

lie
ýatmak

wait
garaşmak

carry
götermek

sit
oturmak

get dressed
geýmek

sleep
ýatmak

wake up
oýanmak

look at

görmek

cry

aglamak

stroke

sypalamak

comb

daramak

talk

gürlemek

understand

düşünmek

ask

soramak

listen

diňlemek

drink

içmek

eat

iýmek

tidy up

tertipleşdirmek

love

söýmek

cook

taýýarlmak

drive

gitmek

fly

uçmak

sail

ýelkeni ýaýyp gitmek

calculate

hasaplamak

read

okamak

learn

okamak

work

işlemek

marry

nikalaşmak

sew

dikmek

brush teeth

dişiňi arassalamak

kill

öldürmek

smoke

çilim çekmek

send

ugratmak

grandmother
ene

grandfather
ata

father
kaka

mother
eje

baby
bäbek

daughter
gyz

son
ogul

guest

myhman

aunt

daýza

uncle

daýy

brother

aga

sister

uýa

family - maşgala

forehead
maňlaý

eye
göz

shoulder
egin

finger
barmak

face
ýüz

chin
äň

hand
penje

breast
döş

leg
aýak

arm
el

baby
bäbek

man
erkek

woman
aýal

girl
gyz

boy
oglan

head
kelle

back
arka

belly
garyn

navel
göbek

toe
aýak barmagy

heel
ökje

bone
süňk

hip
but

knee
dyz

elbow
tirsek

nose
burun

buttocks
ýanbaş

skin
deri

cheek
ýaňak

ear
gulak

lip
dodak

mouth

agyz

tooth

diş

tongue

dil

brain

beýni

heart

ýürek

muscle

myşsa

lung

öýken

liver

bagyr

stomach

aşgazan

kidneys

böwrek

sex

jyns ýakynlygy

condom

prezerwatiw

ovum

erkeklik jyns öýjügi

semen

tohumlyk

pregnancy

göwrelilik

menstruation

bil açylma

vagina

wagina

penis

erkek jyns agzasy

eyebrow

gaş

hair

saç

neck

boýun

hospital
hassahana

ambulance
tiz kömek ulagy

wheelchair
tigirçekli kürsi

fracture
döwük

doctor

lukman

emergency room

ilkinji kömek nokady

nurse

şepagat uýasy

emergency

gaýragoýulmasyz ýagdaý

unconscious

özüni bilmän

pain

agyry

injury

zeper ýetme

bleeding

gan akmasy

heart attack

infarkt

stroke

insult

allergy

allergiýa

cough

üsgülik

fever

ýokarlanan temperatura

flu

dümew

diarrhea

içgeçme

headache

kelle agyrysy

cancer

rak

diabetes

diabet

surgeon

hirurg

scalpel

skalpel

operation

operasiýa

CT

iýmit siňdirýän ortlaryň jemi

x-ray

rentgen

ultrasound

ultrases

face mask

maska

disease

kesel

waiting room

kabulhana

crutch

pişek

plaster

plastyr

bandage

bint

injection

sanjym

stethoscope

stetoskop

stretcher

zemmer

clinical thermometer

termometr

birth

dogluş

overweight

artykmaç agram

hearing aid

eşidiş abzaly

disinfectant

zyýansyzlandyryjy serişde

infection

ýokanç

virus

wirus

HIV / AIDS

WIÇ/ AIDS

medicine

derman

vaccination

öñüni alyş sanjymy

tablets

gerdejikler

pill

göwreli bolmakdan goraýan gerdejik

emergency call

gaýragoýulmasyz çagyryş

blood pressure monitor

gan basyşyny ölçeýji abzal

ill / healthy

näsag / sagdyn

alarm

howsala signaly

assault

çozuş

Help!

Kömek ediň!

attack

hüjüm

danger

howp

emergency exit

ätiýaçlyk çykalgasy

Fire!

Ýangyn!

fire extinguisher

ot söndürijisi

accident

betbagtçylykly ýagdaý

first-aid kit

derman gutujygy

SOS

SOS

police

milisiýa

Europe

Ýewropa

North America

Demirgazyk Amerika

South America

Günorta Amerika

Africa

Afrika

Asia

Aziýa

Australia

Awstraliýa

Atlantic

Atlantika ummany

Pacific

Ýuwaş umman

Indian Ocean

Hindi ummany

Antarctic Ocean

Antarktika ummany

Arctic Ocean

Demirgazyk Buzly umman

North pole

Demirgazyk polýusy

South pole

Günorta polýusy

Antarctica

Antarktida

earth

zemin

land

gury ýer

sea

deñiz

island

ada

nation

millet

state

döwlet

clock face

siferblat

hour hand

sagadyň dili

minute hand

minut görkezýän dil

second hand

sekundy görkezýän dil

What time is it?

sagat näçe?

day

gün

time

wagt

now

häzir

digital watch

elektron sagady

minute

minut

hour

sagat

Monday
duşenbe **MO**

W Wednesday
çarşenbe

Friday
anna **FR**

TU

TH

Saturday
şenbe **SA**

Tuesday
sişenbe

Thursday
penşenbe

SO

Sunday
yekşenbe

yesterday

düýn

today

şu gün

tomorrow

ertir

morning

säher

noon

günortan

evening

agşamlyk

workdays

iş günler

weekend

dynç günler

rain
ýagyş

rainbow
älemgoşar

wind
şemal

snow
gar

spring
ýaz

summer
tomus

fall
güýz

winter
gyş

4.APRIL	11°	☀
5.APRIL	4°	☁
6.APRIL	13°	⛆
7.APRIL	8°	❄
8.APRIL	10°	☀

weather forecast

howa maglumaty

thermometer

termometr

sunshine

gün ýagtylygy

cloud

gara bulut

fog

ümür

humidity

howanyň çyglylygy

lightning

ýyldyrym

thunder

gök gümmürdisi

storm

tupan

hail

doly

monsoon

musson

flood

suw alma

ice

buz

January

ýanwar

February

fewral

March

mart

April

aprel

May

maý

June

iýun

July

iýul

August

awgust

September
....
sentÿabr

October
....
oktÿabr

November
....
noÿabr

December
....
dekabr

shapes
görnüşler

circle
....
tegelek

square
....
kwadrat

rectangle
....
göniburçluk

triangle
....
üçburçluk

sphere
....
şar

cube
....
kub

white

ak

yellow

sary

orange

mämişi

pink

gülgüne

red

gyzyl

purple

liliýa reňkli

blue

gök

green

ýaşyl

brown

goňur

gray

çal

black

gara

a lot / a little

köp / az

angry / calm

gazaply / asuda

beautiful / ugly

owadan / betnyşan

beginning / end

başy / soňy

big / small

uly / kiçi

bright / dark

açyk / garaňky

brother / sister

oglan dogan / gyz dogan

clean / dirty

arassa / hapa

complete / incomplete

doly / doly däl

day / night

gündiz / gije

dead / alive

jansyz / diri

wide / narrow

giň / dar

edible / inedible

iýilýän / iýilmeýän

evil / kind

gaharly / dostlukly

excited / bored

tolgunly / tukat

fat / thin

çişik / hor

first / last

başda / soňunda

friend / enemy

dost / duşman

full / empty

doly / boş

hard / soft

berk / ýumşak

heavy / light

agyr / ýeňil

hunger / thirst

açlyk / teşnelik

ill / healthy

näsag / sagdyn

illegal / legal

bikanun / kanuny

intelligent / stupid

akyly / akmak

left / right

çepde / sagda

near / far

ýakyn / daş

new / used
täze / ulanylan

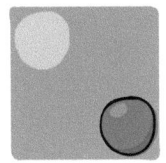

nothing / something
hiç zat / bir zat

old / young
garry / ýaş

on / off
ýakylan / söndürilen

open / closed
açyk / ýapyk

quiet / loud
ýuwaş / gaty

rich / poor
baý / garyp

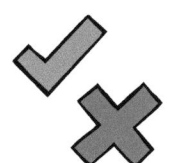

right / wrong
dogry / nädogry

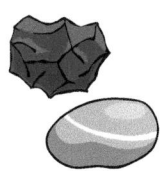

rough / smooth
büdür-südür / tekiz

sad / happy
gamgyly / şatlykly

short / long
gysga / uzyn

slow / fast
haýal / tiz

wet / dry
öl / gury

warm / cool
ýyly / sowuk

war / peace
uruş / parahatçylyk

0	**1**	**2**
zero	one	two
nul	bir	iki

3	**4**	**5**
three	four	five
üç	dört	bäş

6	**7**	**8**
six	seven	eight
alty	ýedi	sekiz

9	**10**	**11**
nine	ten	eleven
dokuz	on	on bir

12

twelve

on iki

13

thirteen

on üç

14

fourteen

on dört

15

fifteen

on bäş

16

sixteen

on alty

17

seventeen

on ýedi

18

eighteen

on sekiz

19

nineteen

on dokuz

20

twenty

ýigrimi

100

hundred

ýüz

1.000

thousand

müň

1.000.000

million

million

English

iňlis

American English

amerikan iňlis

Chinese Mandarin

mandarin hytaý

Hindi

hindi

Spanish

ispan

French

fransuz

Arabic

arap

Russian

rus

Portuguese

portugal

Bengali

bengal

German

nemes

Japanese

ýapon

I
....
men

you
....
sen

he / she / it
....
ol (oglan) / ol (gyz) / ol
(jansyz zat)

we
....
biz

you
....
siz

they
....
olar

who?
....
kim?

what?
....
näme?

how?
....
nähili?

where?
....
nirede?

when?
....
haçan?

name
....
ady

behind

yzynda

in

içinde

in front of

öňünde

over

bir zadyň üsti

on

üstünde

under

aşagynda

beside

ýanynda

between

arasynda

place

ýer